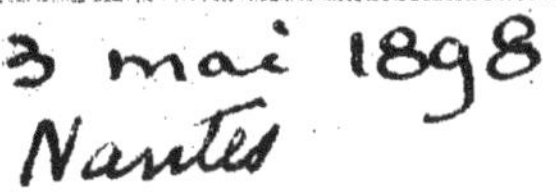

COMMISSAIRE-PRISEUR DE NANTES

(Loire-Inférieure).

CATALOGUE

DE LA

COLLECTION

DE FEU

M. Charles MAISONNEUVE

Vendue aux Enchères Publiques à Nantes, les Lundi 23 Mai 1898 et Jours suivants.

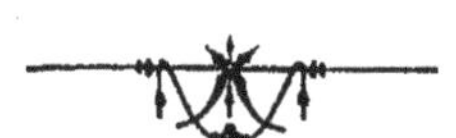

GALERIE PRÉAUBERT -- RUE LEKAIN

NANTES

IMPRIMERIE G. SCHWOB & FILS

6, Rue Scribe, 6.

—

1898

CONDITIONS DE LA VENTE :

Elle aura lieu au comptant.

Les acquéreurs paieront 5 % applicables aux frais.

Les Experts chargés de la vente se réservent la faculté de
réunir et de diviser les lots.

Ils sont à la disposition des acquéreurs pour les
renseignements et pour recevoir les ordres d'achat de ceux qui
ne pourraient assister à la vente.

VENTE PUBLIQUE

Par un de Messieurs les Commissaires-Priseurs de Nantes

GALERIE PRÉAUBERT, rue LEKAIN

(Prés la rue du Calvaire), à NANTES

Les LUNDI 23 MAI 1898 et Jours suivants

A UNE HEURE ET DEMIE PRÉCISE

de la

COLLECTION DE FEU M. CHARLES MAISONNEUVE

COMPRENANT

BEAUX BRONZES d'Art, Anciens et d'Ameublement

TABLEAUX

PARMI LESQUELS ŒUVRES DE :

Jules COIGNET, DEMARNE, DEMAY, Victor DUPRÉ,
FERG, Jules HEREAU, MONGIN, Léon RICHET,
SAVIGNAC, SUEBACH et autres.

PORCELAINES

ANCIENNES, DE LA CHINE, DU JAPON & AUTRES

FAÏENCES & VERRERIES

BELLE ARGENTERIE ANCIENNE

REMARQUABLES MEUBLES de l'époque LOUIS XVI

en Vieux Laque et Émaux Lisses de la Chine

MEUBLES ANCIENS DE DIVERSES ÉPOQUES

AVEC L'ASSISTANCE DE

MM. GANDOUIN, père et fils, experts : Paris, fau-
bourg Saint-Honoré, 70, et à Nantes, 30, rue de la
Fosse. chez qui se distribue le Catalogue, ainsi qu'à
l'Hôtel des Ventes, de MM. les Commissaires-Priseurs,
rue Jean-Jacques-Rousseau, 7.

EXPOSITION PUBLIQUE

Les SAMEDI 21 et DIMANCHE 22 MAI 1898

de 2 heures à 6 heures.

Le Commissaire-Priseur spécialement
chargé de la Vente,

Jules CROUAN

12, rue Marceau.

BRONZES

ÉPOQUE LOUIS XVI

1. — Paire de candélabres à quatre lumières, figure femme bronze, lumières et tors, bronze doré, socle vert antique.

Haut. : 0 m. 87.

2. — Pendule bronze doré, diane chasseresse sur un char traîné par deux lévriers, socle vert antique, orné bronze doré.

Larg. : 0 m. 60. — Haut. : 0 m. 50.

3. — Paire d'appliques à trois lumières, modèle à gaîne surmonté d'un vase à draperies ; dorées.

Haut. : 0 m. 55.

STYLE LOUIS XVI

4. — Paire de flambeaux - cassolettes forme trépied à tête de bouc, marbre rose des Pyrénées et bronze doré.

ÉPOQUE DIRECTOIRE

5. — Paire de Sphinx ailés à têtes de femmes, bronze patine médaille ; socle en marbre de Sicile. Très belle qualité.

PREMIER EMPIRE

Bosio.

6. — Deux bronzes, patine médaille ; deux enfants assis, la Lecture et l'Ecriture, socle en granit de Suède. Belles figures parfaitement ciselées.

Haut. : 0 m. 42.

ÉPOQUE 1815

Prieur.

7. — Henri IV, buste bronze sur socle en jaune de Sienne. Cet objet est remarquable par l'exécution de la ciselure que nous croyons de Thomire.

Haut. : 0 m. 29.

ÉPOQUE EMPIRE

8. — Paire de grands vases forme ovoïde, bronzés, avec culot, socle, ceinture et anses verticales, bronze doré. Belle qualité provenant des ateliers de Thomire.

Haut. : 0 m. 75,

9. — Vestale, bronze, grande statuette debout, socle, granit gris de Suède. Très belle exécution provenant des ateliers de Thomire.

Haut. : 0 m. 80.

XVIIIᵉ SIÈCLE

Jean de Bologne.

10. — Mercure au caducée, art français, bien ciselé.

Haut. : 0 m. 60.

Coustou.

11. — Les chevaux de Marly, paire de grands bronzes.

Haut. : 0 m. 52.

ÉPOQUE DIRECTOIRE

12. — Paire d'aiguières, forme ovoïde, en granit, spath fluoré de Suède, anses à tête de dragon et ornements en bronze ciselé et doré. Très belle qualité, rare.

Haut. : 0 m. 47.

ÉPOQUE 1815

13. — Paire de bustes : Pierre le Grand, Sully, socles porphyre de Suède, avec garniture en bronze doré.

Haut. : 0 m. 55, socle compris.

Clodion.

14. — Deux bacchants, statuettes en bronze sur socle en brocatelle d'Espagne.

15. — Bacchante et bacchant, socle, vert de mer.

16. — Deux bacchants dansants, statuettes, socles en bronze doré.

Coysevox.

17. — Marie Leckzinska, statuette bronze. Très belle reproduction du célèbre groupe du Musée du Louvre.

PIGALLE.

18. — Molière, Corneille, deux statuettes bronze, sur socle de même.

BOIZOT.

19. — Montaigne, statuette bronze, socle de même.

ÉPOQUE EMPIRE

20. — Paire de vases forme dite Médicis, reproduction de vases du Vatican, socles en rouge antique.

XVIIe SIÈCLE

21. — Bacchus enfant, petite statuette, patine médaille, socle vert de mer.

DUQUESNOY.

22. — L'Enfant au chien, statuette bronze, socle marbre noir.

ÉPOQUE EMPIRE

23. — Paire de coupes bronze, socle en rouge antique et bronze doré.

XVIIIe SIÈCLE

24. — Cheval cabré, socle en rouge antique.

ÉPOQUE 1815

25. — Turenne, buste bronze, socle jaune de Sienne.

ÉPOQUE 1815

26. — Duc de Berry, buste bronze doré, socle jaune de Sienne.

ÉPOQUE EMPIRE

27. — Paire de vases, forme Médicis surbaissée, bronze vert et bronze doré.

PIGALLE.

28. — L'Enfant au nid et l'Enfant au raisin, deux statuettes, socles en rouge antique.

Jean de BOLOGNE.

29. — Le Mercure au Caducée, petite statuette bronze patine antique.

30. — Hercule, statuette bronze, socle marbre griotte.

31. — Renommée, statuette bronze, socle marbre griotte.

XVIIIe SIÈCLE (Style du).

32. — Bacchant, statuette bronze, socle griotte et bronze doré.

XVIIIe SIÈCLE (Style du).

33. — Paire de vases, forme rocaille, bronze doré, socle rouge antique.

ANTIQUE (D'après).

34. — La Vérité et la Justice, deux statuettes bronze.

XVIIIe SIÈCLE (Style du)

35. — Madame de Lamballe (portrait présumé), buste bronze, socle vert antique.

ÉPOQUE LOUIS XVI

36. — Voltaire-Diderot, deux bustes bronze, socle marbre blanc et bronze doré.

HOUDON.

37. — Voltaire et Rousseau, deux petits bustes bronze, socle en jaune de Sienne.

38. — Deux médaillons ronds bronze : Molière et Corneille (ce dernier signé Depaulis).

39. — Médaillon rond, bronze (Maréchal de Saxe).

40. — Médaillon rond, bronze : Louis XIV.

41. — Médaillon rond, bronze : Robespierre.

42. — Médaillon rond, bronze : Napoléon Ier et Joséphine.

43. — Deux médaillons ronds, bronze : Voltaire et Rousseau.

44. — Médaillon rond, bronze : Napoléon Ier.

Houdon.

45. -- Buste bronze, socle marbre noir veiné.

Duquesnoy.

46. — Deux petits bustes bronze : Jean qui pleure et Jean qui rit.
Socle porphyre d'Egypte.

XVIIe SIÈCLE (Style du).

47. — Deux bustes : Têtes d'enfant, bronze, socle rouge antique.

XVIIIe SIÈCLE (Style du).

48. — Deux bustes bronze : Marie-Antoinette et Louis XVII, socle vert antique.

49. — Deux médaillons carrés, bronze : Bonaparte et Joséphine.

50. — Deux médaillons ronds bronze : Napoléon et Joséphine.

ÉPOQUE 1816

51. — Deux statuettes équestres bronze : Henri IV et Louis XIV, socles marbre jaune de Sienne.

Clodion.

52. — Groupe Bacchantes et Bacchants, bronze argenté, socle bois noir.

Antique (d'après l')

53. — Le Gladiateur, socle jaune de Sienne. (Epoque du 1er Empire.)

EPOQUE LOUIS XV

Paire de candélabres, flambeaux en bronze doré, avec quatre lumières et guirlandes en fer peint, ornées de fleurs en porcelaine de Saxe.

55. — Petit lustre à six lumières, fer forgé peint, orné de fleurs en porcelaine de Saxe, les lumières en bronze doré.

Coysevox.

56. —Vénus à la coquille, bronze, socle en jaune de Sienne.

Antique (d'après l').

57. — Le Rémouleur, socle en jaune de Sienne.

58. — Diane de Gabies, statuette bronze, socle vert de mer.

EPOQUE PREMIER EMPIRE

Cellini (d'après).

59. — Vénus pudique accroupie, bronze monté sur une pendule marbre griotte et bronze doré.

EPOQUE XVIIᵉ SIÈCLE

60. — Deux chevaux cabrés, statuettes sur des socles en bois d'érable.

61. — Paire de colonnes marbre levantin avec chapiteau en bronze doré surmontées de deux figures représentant Hercule et Galilée.

62. — Deux petits bustes bronze : François Iᵉʳ et Louis XIV, socles en onyx.

XVIᵉ SIÈCLE (Style du)

63. — Baigneuse accroupie, statuette bronze sur socle griotte.

XVIIIᵉ SIÈCLE

64. — Ramoneur, statuette bronze socle porphire noir.

Antique (d'après l').

65. — Marc-Aurèle, statuette équestre bronze, socle marbre griotte.

XVIIᵉ SIÈCLE

66. — Statuette bronze : Enfant les mains élevées, socle serpentine.

EPOQUE PREMIER EMPIRE

67. — Ulysse combattant, socle marbre griotte.

68. — Mercure assis, statuette bronze, socle en portor.

XVIIIᵉ SIÈCLE

69. — Deux petits bustes : Henri IV et Sully.

Duquesnoy (d'après).

70. — Deux petits bustes : Jean qui pleure et qui rit, bronze argenté, socle malachite.

Préville.

71. — Buste bronze doré, socle porphyre d'Egypte.

EPOQUE PREMIER EMPIRE

72. — Bull-dog couché, statuette bronze, socle brocatelle d'Espagne.

Dupré (d'après).

73. — Henri IV et Marie de Médicis, médaillon en bronze.

74. — Médaillon ovale : Bacchus et Bacchants, bas-relief cuivre répoussé de l'époque Louis XIV.

XVIIe SIÈCLE

75. — La Résurrection, baf-relief cuivre repoussé doré, forme cintre.

ÉPOQUE LOUIS XIV

76. — Petit plat ovale, cuivre repoussé : Corbeille de fruits et arabesques.

XVIIe SIÈCLE

77. — Plaquette ovale, bronze doré : Martyre de Saint Etienne.

78. — Bas-relief ovale, bronze doré : Conversion de Saint Paul.

79. — Bas-relief ovale, cuivre repoussé : Saint Eloi.

80. — 2 petits plats ovales, cuivre repoussé : Sujets paysage, travail flamand.

LOUIS XVI (style)

81. — Cartel bronze doré, modelé à rubans et à guirlandes de laurier.

ÉPOQUE LOUIS XIV

82. — Plat ovale, cuivre argenté et repoussé : Jardinier.

XVIe SIÈCLE (style du)

83. — La Nativité, bas-relief bronze doré.

84. — Bas-relief, cuivre repoussé : Apparition de la Vierge.

XVIIe SIÈCLE

85. — Bas-relief, cuivre repoussé : La Résurrection.

86. — Bas-relief, cuivre repoussé : La Crucifixion.

87. — Bas-relief, cuivre repoussé : Jésus et les disciples d'Emmaüs.

XVIIIe SIÈCLE

88. — 2 statuettes bronze Vestales, socles bois, marquées de cuivre.

DELAVILLE.

89. — 2 statuettes bronze, types flamands, personnages assis.

FAUSTINE.

90. — Statuette bronze, socle marbre rouge.

BARBEDIENNE (Maison)

91. — Vénus de Milo, statuette.

ÉPOQUE LOUIS XIV

92. — Grand plat ovale, cuivre repoussé : La fille de Jephté.

XVIe SIÈCLE

93. — Plat rond, cuivre repoussé : Retour de la terre de Chanaan.

94. — Plat rond, cuivre repoussé : Adam et Ève.
1 plat rond, bronze argenté repoussé.

ART FLAMAND

95. — Grand plat rond, cuivre repoussé avec sujets : batailles et attributs militaires.

96. — Grand plat rond, cuivre repoussé : Combat des Amazones.

ART PERSAN

97. — 2 plats ovales, avec médaillons et scènes de chasse.

ÉPOQUE RESTAURATION

98. — Louis XIV, statuette équestre, bronze.

ART FLAMAND

99. — Petit lustre en bronze à 6 lumières.

Ier EMPIRE

100. — 1 médaillon, bronze doré : Jupiter.

ÉPOQUE LOUIS-PHILIPPE

101. — Deux lions couchés, bronze.

102. — Lion couché, bronze.

FRATIN.

103. — Cerf dix-cors couché, bronze, socle marbre.

ÉPOQUE LOUIS XV

104. — Fontaine à trois robinets, cuivre jaune repoussé.

ÉPOQUE LOUIS XVI

105. — fontaine, cuivre repoussé, forme pyramide.

ÉPOQUE LOUIS XV

106. — Grande pendule à accrocher avec son socle, forme guitare, peinte au vernis martin, à fleurs sur fond mordoré, avec appliques en bronze ciselé et doré, surmontée d'un vase ; le bas-relief de la porte représentant un chasseur.

Haut. : 1m. 50.

ÉPOQUE LOUIS XIV

107. — Pendule, forme dite religieuse, travail hollandais.

JAPON

108. — Paire de petits vases, bronze avec divinités.

Vairy.

109. — Combat de bacchants, groupe bronze.

Moreau (Mathurin).

110. — Philosophe grec, buste bronze.

ÉCOLE MODERNE

111. — Tête de femme, buste bronze, socle griotte.

Mène.

112. — Lévriers à la balle, bronze, épreuve ancienne.

Fratin.

113. — Cigogne, bronze.

ÉPOQUE LOUIS XVI

114. — Fambeau de Bouillote à deux lumières, bronze argenté (manque l'abat-jour).

Mène (P. J.)

115. — Chien basset buvant, bronze, épreuve ancienne.

ART CHINOIS (XVIIIe siècle)

116. — Chien de Fô, bronze.

ART ANCIEN CHINOIS

117. — Vase, forme bouteille, panse surbaissée.

118. — Paire de colonnes en marbre, porphyre vert, monture bronze doré, surmontées de deux aigles aux ailes éployées.

Chambard.

119. — Nègre esclave attaché, statuette bronze.

JAPON

120. — Vase, forme balustre, avec bas-relief et figures de femmes.

121. — Paire de vases, bronze, brûle-parfums.

Fuyeu.

122. — Lévrier assis, bronze, épreuve ancienne.

123. — Chien-loup; Amour sur une tortue; Béranger, trois statuettes bronze.

ART JAPONAIS

124. — Fontaine, cuivre rouge gravé.

ÉPOQUE NAPOLÉON III

125. — Deux chevaux de course, bronze.

BARYE.

126. — Cheval en arrêt piaffant, très beau bronze, épreuve ancienne (dite à cire perdue).

Haut. : 0 m. 31. — Long. : 0 m. 32.

FRATIN.

127. — Bouc couché, épreuve ancienne.

EPOQUE LOUIS XIV

128. — Brasero espagnol, cuivre jaune.

EPOQUE PREMIER EMPIRE

129. — Petite pendule, forme borne, bronze vert et bronze doré.

FRATIN.

130. — Porte-allumettes, bronze.

LOUIS XVI (Style)

131. — Pendule avec socle à musique, bronze doré.

131 *bis*. — Médaillon rond, style XVIe siècle : Jugement de Salomon.

XVIe SIÈCLE

132. — Nègre, buste bronze, socle brocatelle d'Espagne.

Haut. : 0 m. 32

132 *bis*. — Médaillon ovale, époque Louis XVI : portrait de Sully.

TABLEAUX

ECOLE FRANÇAISE

Aubry (d'après).

133. — Retour du marché, Retour de chasse, deux gouaches (XVIIIe siècle).

Holbein (Ecole de), et autres.

135. — Portrait de Luther. Quatre autres portraits médaillons de diverses écoles.

Bénard.

135. — Une malle-poste, aquarelle.

Berghem (d'après).

136. — Animaux au repos.

Bertaux (D.)

137. — Convoi d'Artillerie.

Bertin.

138. — Porte romaine près Rome.

Bilcoq.

139. — Paysan et Paysanne assis, deux pendants.

Bryl Paul.

140. — Paysages, cinq pendants sur cuivre.

Chantron (A.-J.) 1884.

141. — Marais salants.

Ciceri.

142. — Une grotte, gouache.

Coignet (Jules).

143. — La Mare.

144. — Paysage, temps couvert.

Daubigny (attribué à)

145. — Paysage.

Defaux.

146. — Moutons au pâturage.

Delille (Armand).

147. — Ruisseau.

Demay.

148. — Charlatan dans une fête de village.

Duplessis (Joseph-Alfred).

149. — Bivouac.

Dupré (Victor).

150. — Paysage.

151. — Paysage près Fontainebleau.

151 *bis*. — Etang et animaux.

Durand-Brager.

152. — Epaves au bord de la mer.

Duval.

153. — Troupeau, effet d'orage.

ECOLE ALLEMANDE

154. — Couronnement de la Vierge et Adoration des Mages, deux gravures en couleur.

ECOLE BYZANTINE

155. — Notre-Dame-de-Grâce, peinture sur fond d'or.

ECOLE FLAMANDE

156. — Les Saisons, quatre miniatures sur velours du XVIIIe siècle.

ECOLE FRANÇAISE (XVIIe siècle

157. — Jésus et les disciples d'Emmaüs, cadre bois sculpté.

158. — Sainte-Geneviève, gouache, cadre bois sculpté.

XVIIIe SIÈCLE

160. — Paysage et figure.

161. — Deux gravures en couleur, imprimées sur soie : Toilette de Vénus, Cornélie.

162. — Musicien contrebassiste. Dessin avec crayons de couleur.

ECOLE FRANÇAISE

163. — Monuments et paysages, gouache.

XVIIIe SIÈCLE

164. — Heureuse famille et S'il s'éveillait, deux gravures en couleur.

165. — Deux paysages.

ÉCOLE MODERNE

TAUNAY (D'après).

166. — Gravures en couleur ; modernes.

167. — Paysage.

FERG (D'après).

168. — Fêtes villageoises, deux pendants.

FRANCK.

169. — La fuite en Égypte, Jésus et la Madeleine, 2 tableaux.

170. — L'Ascension et l'Assomption, deux tableaux sur cuivre, cadres bois sculpté.

FREDOU (Attribué à).

171. — Fanchon la vielleuse, curieux portrait du temps.

GEROMIE.

172. — Paysage au soleil couchant.

HEREAU (Jules).

173. — Vaches au pâturage.

174. — Pâturage normand.

(Inconnu).

175. — Quatre vues (environs de Naples).

Janinet.

176. — Maximilien de Béthune, gravure en couleur.

Kauffmann (D'après).

177. — L'accord et le désaccord, deux dessins à la sépia.

Lancret (D'après).

178. — Pastourelle, cadre bois sculpté.

Leprince (Xavier).

179. — Marchande de lait.

180. — Fuite de la duchesse de Berry.

Luckers.

181. — Village hollandais.

Luminais.

181 *bis*. — Chiens bassets.

Marne (Jean-Louis de).

182. — Le départ.

Michel (Georges).

183. — Plaine Saint-Denis.

Mignard (École de).

184. — Madame de Sévigné, Madame de Montespan, médaillons ovales.

Mongin.

185. — Quatre paysage peints à la gouache : Les quatre
heures du jour.

Nanteuil (Célestin).

186. — Types italiens, cinq aquarelles sous même cadre.

Ouvrié (Justin).

187. — Vue à Rotterdam.

Ouvrié (Justin).

188. — Village hollandais.

189. — Port maritime sur la Méditerranée.

Raphael (D'après).

190. — Paul et Barnabas et la Pêche miraculeuse, gravures peintes eglomisées.

Richet (Léon).

191. — Mare (Forêt de Fontainebleau).

192. — Route près Barbizon.

193. — Chaumière à Marlotte.

194. — Mare (Forêt de Fontainebleau).

194 *bis*. — Étang dans la forêt de Fontainebleau.

195. — Route en forêt de Fontainebleau.

196. — Maisons à Barbizon.

197. — Maisons à Marlotte.

Roumieu.

198. — Retour à la ferme.

Rubens (D'après).

199. — Groupe d'amours.

Ostade (D'après).

200. — Sous la tonnelle, gravure en couleur moderne.

Savignac (Lioux de).

201. — Fête au camp.
Port de mer avec nombreux personnages.

Swébach (E.)

202. — Lancier rouge près de son cheval.

Teniers David (D'après).

203. — Réjouissance flamande.

Van der Meulen.

204. — Siège de Douai, gravure de Bonnart.

Veron (Alexandre).

205. — Route en Normandie, effet de printemps.

Watelet.

206. — Paysage suisse.

207. — Moulin à eau et Bords du Rhin, deux peintures fixées sous verre.

Wattier (Émile).
208. — Conversation.

Weirotter (D'après)
209. — Paysage.
Marine.

ÉCOLE FRANÇAISE (XVIIIᵉ siècle).

210. — Previl acteur, peinture sur émail.
Prince anglais, peinture sur émail.
(Deux pièces).

OBJETS DIVERS

Buis.
211. — Faustin et Messaline, profil sculpté.

212. — Louis XVI, de profil, médaillon platre sur fond bleu.

SÈVRES

213. — Portrait de Louis XVIII, médaillon, profil par Brochard, sur fond bleu.

214. — Mad. Leray de Chaumont, profil sur fond bleu, d'après Nini.

PORCELAINES

SÈVRES (?)

215. — Tasse trembleuse couverte, décors polychromes et or, avec réserve ornée de figures, pâte tendre.

SAINT-AMAND

216. — Ecuelle ronde couverte avec plateau ovale, fond bleu de roi avec sujets en réserve et décors dans le goût de Teniers, pâte tendre.

217. — Tasse et soucoupes, fond bleu de roi avec médaillon Madame du Barry, pâte tendre.

218. — Tasse et soucoupe, fond bleu de roi avec médaillon, Madame de Longueville, pâte tendre.

SÈVRES (?)

219. — Tasse et soucoupe, fond bleu de roi, vue du château de Fontainebleau, pâte dure.

220. — Tasse et soucoupe, fond vert avec fleurs de lys.

221. — Tasse obconique, fond lilas, arabesques blanches et or avec réserves en grisaille, ornées d'un portrait et de sujets allégoriques.

222. — Paire de Vases ovoïdes, couverte capucine, monture en bronze ciselé et doré, style directoire, pâte dure.

223. — Deux statuettes, jardinier et jardinière. (Fracturées).

224. — Bustes d'Appollon et Diane, biscuits signés Gruyère (I).

BERLIN

225. — Vase glacière forme ovoïde avec ceinture ornée de sujets pompéïens, décors polychromes. (Bouton du couvercle réparé).

226. — Figure allégorique de la Justice. (Epée fracturée).

227. — Vendangeur, statuette.

SÈVRES

228. — La Sincérité et la Sensibilité, statuettes, pâte tendre.

ALLEMAGNE (XVIIIe siècle)

Charles Théodore.

229. — Seau forme rocaille à anses élevées, décors alternés de fleurs, paysages, polychromes et bouquets en relief, monture en bronze style Louis XV.

VIEUX PARIS

230. — Paire de grands Vases, fond gris bleu à rehauts d'or, anses verticales droites à têtes d'égyptiennes et serpents, sujets turcs. (Anses réparées).

Haut. : 0 m. 54.

231. — Tasse gobelet à trois pieds avec fond vert et portrait de Molière.

232. — Tasse gobelet fond violet avec réserve ornée d'attributs de musique.

233. — Tasse gobelet, décors paysage à l'encre de Chine.

234. — Sucrier, pot à lait, cafetière, neuf tasses et dix soucoupes, forme droite évasée, décors, paysages (fabrique de Lebon-Halley),

235. — Quatre tasses forme gobelet (mignonnettes), décors, paysages (fabrique de Lebon-Halley. (Une fracturée).

236. — Deux tasses et soucoupes forme gobelet, paysages et effet de neige, fond amaranthe.

VIENNE ANCIEN

237. — Onze tasses, dix soucoupes avec vues de la ville de Vienne, de Taormine, Schloshof, Luxembourg et Helzendorf.

SÈVRES ANCIEN

238. — 1757, blanc et or, forme cul de poule, pâte tendre.

SÈVRES

239. — 1824, Théière, Pot à lait, Sucrier, douze tasses, douze soucoupes, forme bol.

240. — 1849, tasse oblongue, fond gris bleu avec zone grise décorée de roses.

241. — Tasse décors de commerce, fond vert.

WORCESTER

242. — Paire de vases, pâte tendre, forme ovoïde, fond gris bleu, à rehauts d'or, décors en réserve, paysage et oiseaux des îles, monture en bronze ciselé et doré de style Louis XV.

DRESDE (Saxe)

243. — Sucrier couvert avec sujets polychromes, d'après Vatteau.

244. — Sucrier couvert avec sujets polychromes, d'après Teniers.

CHINE

245. — Deux statuettes, biscuit émaillé : Nirvana.

VIEUX PARIS

246. — Fabrique de Nast, Bacchus et Ariane, groupe.

Haut. : 0 m. 42

WEEGWOOD (Premier Empire)

247. — Flambeau noir et rouge : Femme debout tenant une corne d'abondance.

VIEUX PARIS

248. — Statuette : La Fidélité, pâte dure.

SAXE MODERNE

249. — Incroyable et Merveilleuse, statuettes.

ECOLE MODERNE

250. — Statuettes : Danseur et Danseuse.

251. — Vendangeur et Vendangeuse, statuettes.

BISCUIT MODERNE

252. — Statuette : L'hiver.

PORCELAINE ÉMAILLÉE MODERNE

253. — Bustes : Madame Recamier, de Chinard.

STATUETTES EN FAIENCE

LORRAINE

254. — Niderviler, groupe de trois figures, allégorie à la vérité, décors polychromes.

Haut : 0 m. 34.

255. — Couronnement du berger, groupe polychrome d'après Boucher.

256. — Petits voleurs, groupe polychrome.

257. — Frontin et Rosine, deux statuettes décors polychromes

258. — Deux statuettes, Jardinier et Jardinière.

259. — Paysans, décors polychromes, deux statuettes.

SAINT-AMAND.

260. — Bacchus enfant. Statuette.

LORRAINE.

261. — L'oiseau mort, groupe blanc.

SARREGUEMINES (époque de Louis XVI)

262. — Porteur de fruits

HOUDON.

263. — Marie-Antoinette, buste terre émaillée.

VIEUX PARIS

264. — Chocolatière, droite, décors oiseaux.

DRESDE.

265. — Deux petits pots à lait, décor bleu.

ALLEMAGNE

266. — Théière, décors camaïeu rose, porcelaine ancienne « fracturée ».

SAXE ANCIEN

267. — Chocolatière couverte, surface gaudronnée, décors camaïeu rose et or, belle qualité, et un petit plateau ovale.

VIEUX SAXE

268. — Bol et six tasses cul de poule, trois soucoupes décors camaïeu, fleurs roses.

PORCELAINES DE CHINE

CHINE ANCIEN

269. — Paire de vases, forme balustre aplatie, décors de fleurs avec réserve ornée de scènes de roman, montures en bronze doré (style Louis XIV.)

270. — Potiche, décors vert et rouge (époque Kang-Hi), « félure à l'orifice ».

271. — Belle potiche à fond vermicellé, décors de fleurs et d'oiseaux, vert rouge et or (époque de Kang-Hi), belle qualité.

272. — Potiche couverte, décors bleu, forme ovoïde, ornée de fleurs et de paysages. Cette pièce montée en lampe candélabre, bronze moderne.

273. — Cornet forme balustre, décors de modèles, corail, rehaussé d'or, belle qualité, montures par Cornu, bronze doré style Louis XIV.

274. — Une paire de vases forme ovoïde, décors polychromes alternés, personnages et arbustes, monture bronze doré, (époque de Kang-Hi). Très belle qualité.

275. — Deux bouteilles, décors polychromes à reserves ornées de personnages (époque de Kien-Long). Belle qualité.

276. — Paire de vases, décors bleus arbustes dans des réserves, montures en bronze doré, style Louis XVI. Belle qualité.

277. — Théière, décors vert et rouge (manque le couvercle).

278. — Théière à anse verticale décor bleu, monture en argent.

279. — Deux pots à lait, décor bleu (manque un bouton de couvercle).

280. — Deux pots à crème, décor bleu à pagode.

281. — Théière ornée d'acrobates, décor bleu, anse bronze doré.

282. — Théière et sucriers couverts, décors polychromes fleurs (époque de Kien-Long).

283. — Petit pot à lait, décor polychromes fleurs. Jolie qualité (époque de Kien-Long).

INDE ANCIEN

284. — Aiguière en forme de casque et vasque en forme de coquille, décors polychromes repoussés d'or, fleurs. Belle qualité. L'aiguière égrenée au sommet.

CHINE ANCIEN

Théière décors à relief peints. fleurs et oiseaux polychromes (époque de Kien-Long).

286. — Aspersoir, décors bleu et corail, XVIIIᵉ siècle, monture argent doré.

INDE ANCIEN

287. — Chocolatière, décors fleurs.

288. — Ecuelle ovale et un plateau (époque Louis XVI), décors polychromes fleurs.

289. — Chope (époque Louis XVI), décors corail et or.

CHINE ANCIEN

290. — Paire de vases, forme balustre aplatie, décors polychrome, à réserves sur fond vert : Scènes de roman, monture en cuivre ciselé et doré, style Louis XV, qualité rare.

291. — Tasse, quatre soucoupes, décors polychromes, dites au coq.

292. — Sept tasses et deux soucoupes, vieux Chine. époque de Kien-Long. rose.

293. — Théière, un sucrier couvert, décors polychromes. époque de Kien-Long.

294. — Tasses et soucoupes à personnages, époque de Kien-Long.

295. — Deux tasses et deux soucoupes à personnages.

INDE

296. — Service décor polychrome. fleur et relief blanc, comprenant théière, sucrier, pot à lait, six tasses, six soucoupes, décor polychrome et or. armoiries anglaises.

CHINE ANCIEN

297. — Soupière couverte, décors bleu et polychrome, anses droites verticales à masques.

INDE ANCIEN

289. — Tasse et soucoupe, décors polychromes et or, personnages.

299. — Écuelle à oreillons, décor polychrome, scène de roman. Belle qualité.

CHINE ANCIEN

300. — Soupière oblongue, décor bleu, polychrome et or.

301. — Trente-trois assiettes plates, forme octogonale, quinze assiettes creuses, décors bleu et polychrome, arbustes et oiseaux. Belle qualité.

302. — Deux saucières, décors fleurs polychrome et or.

303. — Deux plats, décor bleu, feuilles de bardanne.

304. — Petit plat, décor bleu, rouge, noir et or, pièce de commande avec portraits européens.

305. — Assiette, décor bleu et émail. Fêlure.

306. — Trois plats, décor polychrome, fleurs.

307. — Trois assiettes creuses, décor bleu, fleurs.

JAPON ANCIEN

308. — Trois plats creux, décors bleu, rouge et or, à chrysanthèmes.

309. — Deux plats ronds creux, rouge, bleu, vert et or. Décor paéonien.

310. — Plat décor bleu, rouge et or. Dessin paéonien.

311. — Deux plats creux, époque paéonienne. Décor polychrome.

312. — Deux assiettes, décors polychrome, paéonien à bambou.

INDE ANCIEN

313. — Plat creux rond, décor polychrome, fleurs. Fêlé.

CHINE ANCIEN

314. — Deux plats, polychrome bleu et or.

JAPON ANCIEN

315. — Deux compotiers à bords festonnés, décors polychromes, rouge et or.

316. — Plat à barbe, décor polychrome.

317. — Plat avec ombilic, décor, bleu, rouge et or.

CHINE

318. — Deux plats rectangulaires, décor bleu, polychrome et or.

319. — Cinq assiettes, décors variés.

CHINE IMITATION

320. — Deux assiettes armoriées, décor polychrome.

INDE ANCIEN

321. — Deux plats ovales, décors polychrome et or.

JAPON

322. — Plat à bords échancrés, décors polychromes et or.

JAPON ANCIEN

323. — Plat à bords contournés, décors polychromes et or.

CHINE ANCIEN

324. — Deux plats creux, décors bleu, polychrome et or. Fleurs circonf.

325. — Deux assiettes Chine et Japon, décors rouge et polychrome.

326. — Deux grands plats creux octogones, décors bleu et polychrome.

327. — Deux grands plats. décors bleu et polychrome.

328. — Plat à barbe, beau décor polychrome et or. Vases de fleurs. Belle qualité.

JAPON ANCIEN

329. — Paire de bouteilles carrées, décors paysage. bleu, rouge et or. Monture argent ciselé, style Louis XIV.

CHINE

330. — Grande bouteille, décor bleu.

331. — Deux grands vases, fond bleu, décors empois.

CHINE ANCIEN

332. — Bouteille, décor bleu fleurs. Fracture à l'orifice.

333. — Bouteille, décor bleu. Orifice rogné.

JAPON ANCIEN

334. — Potiche couverte à relief, décors bleu, rouge et or. Bouton réparé.

335. — Cafetière, décors arbustes bleu et or.

336. — Petite théière et deux tasses.

JAPON MODERNE

337. — Quatre tasses dont trois couvertes avec soucoupes, décors polychrome à personnages.

CHINE ANCIEN

338. — Deux plats, époque de Kang-Hi, décor polychrome. L'un d'eux fracturé.

339. — Plat, décors bleu batelière.

CHINE

340. — Paire de vases-bouteilles flambée, couleur haricot.

341. — Perroquet, terre flambée, couleur céladon et haricot fumé. Monture en bronze ciselé et dorée.

JAPON

342. — Paire de vases balustre avec groupe de guerriers, (fabrique de Kioto).

343. — Plat, décors d'enfants représentant divers arts.

CHINE ANCIEN

344. — Grand cornet, décor polychrome, représentant une légende de Confrucius, époque de Ta-Ming. Belle qualité.

345. — Grand cornet, décor polychrome, réprésentant un combat tartare. Très belle qualité.

346. — Bouteille forme coloquinte, émail bleu, turquoise celadon. Belle qualité.

347. — Bouteille forme coloquinte, émail bleu, turquoise celadon. Bonne qualité.

348. — Paire de potiches décors corail et or, porte-bouquets, époque de Kien-Long. L'une ébréchée à l'orifice. Bonne qualité.

349. — Potiche à décor bleu, lotus, époque de Kang-Hi.

350. — Cornet forme balustre : Boudha et mandarins. Beaux décors polychromes. Belle qualité.

351. — Cornet forme balustre : Combat des Tartares contre les Mand'chou. Fin de l'époque Kan-Hi. Fêlée sur la panse.

352. — Cornet, décor bleu vermicellé, époque de Ta-Ming.

JAPON

353. — Paire de vases à panses octogonales et parties réticulées, couvercles surmontés de coq : décors polychromes.

CHINE ANCIEN

354. — Potiche forme bonbonne, beaux décors polychromes. Epoque de Kien-long, couvercle bois sculpté.

355. — Potiche forme bonbonne bursaire, très beau décor polychrome de Hong-foang. Epoque de Ta-ming.

356. — Bouteille forme coloquinte, bleu turquoise celadon. Bonne qualité.

Nota. — « pièce nuageuse coulée lors du flammé. »

357. — Potiche forme bonbonne, décors bleu, fleurs vermi-
cullées. Époque Ta-Ming, couvercle en bronze ciselé, art
persan ancien.

358. — 2 plats de forme octogonale, décors bleu et polychrome.

CHINE ANCIEN

359. — Petit plat, décors bleu à fleurs.

CHINE

360. — Grand vase, forme balustre, fond celadon, décors
bleu et or en relief.

JAPON

361. — Paire de petits vases, cornets, en faïence de Kaga
décors polychromes, paysages et personnages dans le goût
chinois.

ANNAM ANCIEN

362. — Vase bonbonne à décors bleus. Fêlures.

CHINE ANCIEN

363. — Grand vase, forme balustre à pans, décors or,
muraille de la Chine. Nombreuses inscriptions, époque de
Ta-meng.

CHINE

364. — Paire de vases, balustre fond jaune, paysage,
cygognes, fleurs de pêcher en relief.

365. — Grands vases balustre, relief bambou lotus, arbustes,
oiseaux. Fêlure à l'orifice.

JAPON

366. — Vase à panses ovoïde et octogone, décors bleu,
rouge et or.

JAPON

367. — Grand vase panse ovoïde, décors bleu, rouge et à
réserves ornées d'oiseaux.

JAPON ANCIEN

368. — Belle potiche, beau décor polychromes et or. Couvercle moderne.

CHINE ANCIEN

369. — 2 plats ronds, décors rouge et or.

PARIS ANCIEN

370. — Groupe la « Déclaration », décors polychromes, genre de Jacob Petit.

371. — Baigneuse, statuette en biscuit.

372. — Berger, statuette en biscuit.

FAÏENCES

STRASBOURG ANCIEN

373. — Plateau carré et 6 pots à crème, décors polychromes, fleurs.

DELFT

374. — Paire d'oiseaux sur des branches.

DELFT ANCIEN

375. — 3 pommes, poire, tomate, orange, cornichon.

376. — 2 fromagères avec leur plateau, décors bleu, signées « Fortuyn ».

377. — Grande bouteille à 3 renflements, décors bleus, fleurs, oiseaux et insectes.

378. — 2 assiettes, décors polychromes, arabesques.

379. — 2 assiettes, décors fleurs.

380. — Joli plat, décor bleu.

381. — Plat rond, gaudroncé, décor bleu, paysage avec ceintre.

DELFT

382. — Polychrome et or, 2 bas de sucrier, monture bronze.

DELFT ANCIEN

383. — Grand plat creux ovale, riches décors bleus, fleurs.

STRASBOURG

384. — Deux compotiers, une assiette, décors fleurs.

VENISE ANCIEN

385. — Coupe, un porte-balle.

CASTELLI ANCIEN

386. — Trois petits plateaux, décors de paysages (un fêlé).

ABRUZZES

387. — Petit plateau avec monument en ruines.

CASTELLI ANCIEN

388. — Trois plats, décors polychromes paysages.

CASTELLI

389. — Plat rond, paysan, (fêlure).

VENISE ANCIEN

390. — Coupe à bords contournés, paysages et monuments.

URBINO

391. — Coupe, entrée d'un palais, décors polychromes.

MILAN

392. — Deux plats ovales, décors polychromes, paysage au centre.

PADOUE

393. — Quatre assiettes, un plat, décors polychromes, fleurs et fruits.

MILAN (ancien doré)

394. — Plat rond, décors polychrome, fleurs. oiseaux, pagode rehaussés d'or.

NAPLES

395. — Trois assiettes, monuments et paysages (une fêlée).

ROUEN ANCIEN

396. — Assiette, décors polychromes, dites à la corne.

ROUEN IMITATION

397. — Grand plat, décors polychromes dit à la double corne.

398. — Plat, décor dit à la pagode.

MOUSTIERS

399. — Grand plat, décor vert dit de grotesques.

SAINT-JEAN-DU-DÉSERT ANCIEN

400. — Deux assiettes, décors polychromes fleurs et personnages.

MARSEILLE ANCIEN

401. — Grand plat, décors polychrome fleurs.

402. — Assiette, décors polychromes fleurs.

403. -- Vase de forme très curieuse, à ornements rocaille en relief, surmonté d'un bouquet de fleurs, décors polychromes et aux roses d'or. Pièce rare, belle qualité (fracturée aux fleurs.

CLERMONT ANCIEN

404. — Petit vase cornet, décor polychrome fleurs en relief, montures bronze doré.

ABRUZZES

405. — Gourde en forme de soulier, décors polychromes arabesques et lunes.

406. — Gourde en forme de soulier, jaunes avec boucle, décors bleus (anse fracturée).

PICARDIE

407. — Vase de faîtage, décors polychromes. Fracture au sommet.

DELFT MODERNE

408. — Deux bouteilles à décors bleus.

NEVERS IMITATION

409. - Grande potiche, décors chinois, bleu et manganese. Couvercle et orifices fracturés.

NEVERS

410. — Petite théière, décors bleus.

SARREGUEMINES

411. — Trois soucoupes, décors bleus.

PULL

412. — Poisson, décor polychrome.

CHINE

413. — Vase forme rouleau, fond marbré celadon et rouge avec réserves ornées de personnages.

414. — Vase, fond haricot flambé avec fleurs en émail, peint bleu.

AVIGNON (XVIIIe siècle)

415. — Plateau Marguerite émaillé vert avec monogramme du Christ.

FAIENCE MODERNE

416. — Grand vase émaillé, gros bleu, monture bronze moderne.

OBJETS DIVERS

417. — Vase en porphyre de Thèbes, socle porphyre d'Egypte, monture bronze doré, style Louis XVI.

418. — Paire de vases de forme antique en porphyre gris. Un fracturé.

419. — Obélisque, porphyre d'Egypte, monture bronze doré.

420. — Obélisque, vert moussu du Mont-Cenis.

421. — Petit vase. rouge antique, socle onyx.

422. — Petit vase marbre onyx, socle griotte.

CHINE

423. — Petit vase Jade, vert rubanné. La panse sculptée : arabesques.

ÉTAIN (XVIIIe siècle)

424. — Plateau à ornements. rocailles en relief, fond gravé avec sujets de chasse. Travail ancien signé F. R., 1778.

IVOIRE (XVIIIe siècle)

425. — Chien couché, socle en chêne. Art français.

426. — Montre marine dans son étui, mouvement de Bréguet, n° 1655.

427. — Petit œil-de-bœuf, régulateur à sonneries. Mouvement de Bréguet, à Paris. Chêne, argent et bronze doré.

XVIIIe SIÈCLE

428. — Grande et belle montre à réveil en cuivre ciselé, ouvré, repercé à jour, gravé et doré. Mouvement signé Raimbault, London. Avec double boîtier, repercé, gravé et doré, orné de jargons blancs et verts et d'un émail ancien de Genève, représentant des femmes lutinant un amour.

XVIIIᵉ SIÈCLE (Époque Louis XVI)

429. — Bonbonnière ronde en vernis Martin. Décor d'émaux et de guirlandes de fleurs en camaïeu Havane, monture en or.

ÉPOQUE LOUIS XVI

430. — Tabatière, cuivre doré, rectangulaire.

431. — Lorgnette de poche en galuchat vert, avec cercles d'argent et d'ivoire.

432. — Boîte à jeu, rectangulaire, argent et nacre. Elle contient quatre petites boîtes ornées des marques des quatre couleurs du jeu de cartes, contenant chacune des jetons en nacre gravé, avec sujets et devises françaises : 39 jetons ronds, 36 longs, 8 avec le chiffre 500 et 4 avec le mot Mil. Objet très curieux, très complet et des plus rares à rencontrer.

ARGENTERIE

ÉPOQUE LOUIS XV

433. — Aiguière en forme de casque, surface cotelée et ciselée.

Pt 580 gr.

ÉPOQUE LOUIS XIV

434. — Réchaud à trois pieds, orné de masques bien ciselés.

Pt : 1.049 gr.

ÉPOQUE LOUIS XV

435. — Bénitier, travail repoussé et ciselé avec figure du Christ *Ecce Homo*.

Pt : 326 gr.

436. — Saucière, travail repoussé et ciselé moderne.

Pt : 402 gr.

437. — Saucière analogue, même travail.

Pt : 404 gr.

EPOQUE LOUIS XIV

438. — Paire de flambeaux, tige balustre à trois pans bien ciselés, ornés d'arabesques et coquilles.

Pt : 1050 gr.

439. — Paire de flambeaux modelés à balustre godronné ; orné d'armoiries.

Pt : 1.083 gr.

ÉPOQUE LOUIS XV

440. — Soupière, forme ventrue, couvercle surmonté d'une grenade ; pieds et anses ornés de feuilles d'acanthe.

Pt : 1.851 gr.

EPOQUE LOUIS XVI

441. — Ecuelle couverte, couvercle orné d'une branche de grenade et d'un œillet.

Pt. 700 gr.

EPOQUE LOUIS XV

442. — Petit pot à lait, bec et bouton ciselé.

Pt. 296 gr.

443. — Huilier, porte-burettes ouvré à jour et ciselé ainsi que les couvre-flacons.

Pt. 895 gr.

EPOQUE LOUIS XVI

444. — Paire de flambeaux balustre cannelé, avec guirlandes et feuilles d'acanthe. Travail repoussé et ciselé.

Pt. 970 gr.

EPOQUE LOUIS XV

445. — Paire de flambeaux semblables aux précédents.

Pt. 990 gr.

EPOQUE LOUIS XVI

446. — Paire de seaux, forme balustre à têtes de béliers, décors de laurier. Travail moderne.

Pt. 2298 gr.

STYLE LOUIS XIV

447. — Paire de flambeaux à balustres carrés, ornés de cannelures, gaudrons et coquilles.

Pt. 1680 gr.

EPOQUE LOUIS-PHILIPPE

448. — Paire de flambeaux, forme balustre, ornés d'acanthes et rais de cœur.

Pt. 1601 gr.

EPOQUE LOUIS XIV

449. — Paire de flambeaux à balustre carré.

Pt. 974 gr.

EPOQUE LOUIS XVI

450. — Cafetière, forme ovoïde avec ceinture ornée d'arabesques et guirlande de laurier sur la panse.

Pt. 865 gr.

EPOQUE DIRECTOIRE

451. — Cafetière, forme ovoïde, ornée sur la panse de bas-reliefs d'amour. L'anse formée par une figure de femme debout, les mains appuyées sur l'orifice. Sur le col sont gravés des groupes de tourterelles et la phrase (don d'Amitié).

Pt. 970 gr.

EPOQUE LOUIS XVI

452. — Cafetière à trépied, forme balustre.

Pt. 670 gr.

453. — Cafetière à trépied. Le bec orné d'un motif rocaille.

Pt. 540 gr.

454. — Cafetière à panse surbaissée, bec et couvercle gravés, bouton orné d'une rose.

Pt. 355 gr.

455. — Huilier, les récipients ouvrés à jour avec guirlandes ciselées. Jolie forme.

Pt. 555 gr.

EPOQUE PREMIER EMPIRE

456. — Petit pot à lait, forme ovale, modèle anglais.

Pt. 290 gr.

457. — Gobelet couvert, forme évasée, travail repoussé et ciselé (art flamand), XVIIIe siècle.

Pt. 250 gr.

EPOQUE LOUIS XV

458. — Réchaud, travail repercé à jour.

Pt. 620 gr.

459. — Tire-bouchon de poche avec son étui, orné de coquilles et godrons en relief.

Pt. 52 gr.

EPOQUE RESTAURATION

460. — Passoire à thé.

Pt. 135 gr.

EPOQUE PREMIER EMPIRE

461. — Sucrier à anses verticales.

Pt. 520 gr.

EPOQUE DIRECTOIRE

462. — Ecuelle couverte avec son plateau vermeil, anses verticales avec jolis motifs d'acanthe ciselé, bouton du couvercle identique.

Pt. 927 gr.

EPOQUE LOUIS-PHILIPPE

463. — Grande cafetière ovale, vermeil, richement ornée, bec supporté par une tête de bélier, ainsi que l'anse, ceinture d'arabesques, semées d'oiseaux et de feuilles d'acanthe, couvercle orné d'un bas-relief représentant des jeux d'en-fan ts. Très beau travail exécuté par Bianchi invenit, et ciselé par Landi exécudit.

Pt. 1292 gr.

EPOQUE PREMIER EMPIRE

464. Grande écuelle ronde ou sucrier, les anses relevées sont ornées de masques de satyres, le couvercle surmonté d'une chimère ailée. Très bien ciselée.

Pt. 820 gr.

465. — Bol à punch, ceinture ajourée, ornée de raisins et pampre.

Pt. 1046 gr.

466. — Fontaine à thé, vermeil, forme ovoïde, anse à palmettes supportées par des têtes de satyres, robinet à tête de cheval, couvercie surmonté d'un cheval (signé Binnerrizt).

Pt. 1705 gr.

467. — Fontaine à thé, vermeil, forme ovoïde allongée à trépieds reliés portant la lampe. Anses verticales, droites avec tête de lion, bouton du couvert pomme de pin.

Pt. 2898 gr.

468. — Cafetière à trépied, vermeil, forme ovoïde avec bec relevé, tête chimérique.

Pt. 1055 gr.

467. — Sucrier avec ceinture, porte-cuillères, le couvercle et la ceinture ornés d'acanthe, anses verticales droites. Vasque cristal taillée.

470. — Paire de petits vases, forme Médicis à zônes repous-sés et ciselés, couvercle armorié, socles en lapis avec mon-ture d'argent ciselé.

ÉPOQUE Ier EMPIRE

471. — Beurrier avec son plateau, richement orné et ciselé. Décoré de grappes de raisin et de pampres.

Pt: 925 gr.

ÉPOQUE LOUIS-PHILIPPE

472. — Tasse et soucoupe, vermeil, travail repoussé et ciselé.

Pt: 595 gr.

ÉPOQUE LOUIS XV

473. — Plat, travail repoussé moderne.

Pt : 519 gr.

474. — Plat creux rond.

Pt : 570 gr.

ÉPOQUE RESTAURATION

475. — Plat rond creux. signé Cosson-Corlie.

Pt : 674 gr.

ÉPOQUE Ier EMPIRE

476. — Plat rond creux, bords ciselés.

Pt : 589 gr.

ÉPOQUE LOUIS XVI

477. — Plat ovale contourné, daté 1793, signé Zettelius.

Pt : 602 gr.

ÉPOQUE Ier EMPIRE

478. — Plat ovale.

Pt : 802 gr.

479. — Légumier.

Pt : 585 gr.

ÉPOQUE LOUIS XVI

480. — Légumier à anses horizontales.

Pt : 645 gr.

ÉPOQUE EMPIRE

481. — Deux plateaux à trois pieds.

Pt : 810 gr.

482. — Deux plateaux carrés, bordure ciselée.
Pt : 1.090 gr.

ÉPOQUE LOUIS XV

483. — Écuelle sans couvercle.
Pt : 322 gr.

ÉPOQUE LOUIS-PHILIPPE

484. — Porte-mouchettes.
Pt : 198 gr.

485. — Porte-mouchettes, même époque.
Pt : 200 gr.

ÉPOQUE EMPIRE

486. — Tasse et soucoupe.
Pt : 260 gr.

ÉPOQUE LOUIS XVI

487. — Tasse à vin.
Pt : 62 gr.

488. — Tasse à vin.
Pt : 66 gr.

489. — Tasse à vin.
Pt : 68 gr.

490. — Tasse à vin.
Pt : 60 gr.

491. — Un plat rond creux, signé Cosson-Corlie.
Pt : 495 gr.

492. — Six verres à liqueurs à surface cotelée, vermeil.
Pt : 244 gr.

ÉPOQUE LOUIS XVI

493. — Paire de doubles salières ornées de fleurs de lys
avec pyramide au centre.
Pt : 405 gr.

494. — Deux salières à fleurs de lys.
Pt : 142 gr.

495. — Moutardier du même service.
Pt : 152 gr.

496. — Deux salières.
Pt : 40 gr.

497. — Deux salières, forme gondole.
Pt : 97 gr.

498. — Quatre cuillères à fruits, travail repoussé moderne.
Pt : 82 gr.

499. — Douze cuillères à café.

500. — Une cuillère à ragout.
Pt : 184 gr.

501. — Six cuillères et six fourchettes.
Pt : 1.025 gr.

502. — Deux cuillères à crême.
Pt : 249 gr.

503. — Deux cuillères unies.
Pt : 478 gr.

504 — Cinq cuillères à sel, deux petites cuillères à fruit.
Pt : 108 gr.

505. — Une pince à sucre et cuillère à saupoudrer.
Pt : 74 gr.

506. — Six cuillères à confitures.
Pt : 60 gr.

507. — Un service à découper, monture argent.

508. — Six fourchettes à huîtres, argent.

509. — Truelle à poisson, argent, manche ivoire.

510. — Truelle à gâteau, argent, manche ivoire.

511. — Service à fruits confits.

EPOQUE EMPIRE

512. — Tasse et sa soucoupe, vermeil et cristal.

513. — Moutardier.

XVIIe SIÈCLE (Style du)

514. — Aiguière et plateau en argent doré, ciselé avec dix-huit plaques d'ivoire sculptées en haut-relief.

515. — Service à dessert, vermeil vingt-quatre couverts, un ciseau à raisin, dix couteaux ivoire et argent non doré, douze couteaux à fruit manches nacre, douze cuillères à café, pince et cuillère à sucre, deux cuillères à fruits confits, deux cuillères à fruits glacés.

ÉPOQUE LOUIS XV

516. — Cuillère à saupoudrer.

Pt: 92 gr.

517. — Couteau à pain. 1 salière argent.

MEUBLES

518. — Grand meuble en bois des îles, travail de l'époque Louis XVI, divisé en 3 compartiments dont celui du milieu à 2 portes, avec panneaux en vieux laque de Chine.
La partie du milieu présente au centre, en sa partie supérieure : 2 plaques en émail lisse de la Chine fond bleu, à 2 réserves ornées de fleurs et papillons ; en sa partie inférieure, 2 plaques concaves avec personnages européens.
Les parties latérales offrent 2 grandes plaques dont l'une représente une chasse au tigre, l'autre un Empereur recevant des présents. Elles sont accompagnées au-dessus et au-dessous de 4 plaques représentant des plats contenant des fruits divers.
Meuble très rare en bel état de conservation.

519 et 520. — 2 vitrines à 2 corps, style Louis XVI, bois de rose marqueté et appliques de cuivre.

TONKIN

521. — Grande étagère, la partie supérieure formant pagode, en bois de teck découpé, ouvrée à jour avec incrustation de bambou et d'ivoire.

ÉPOQUE LOUIS XV

522. — Petit paravent à doubles feuilles peintes à l'huile représentant des sujets européens et chinois. Monture en bois d'ébène.

ÉPOQUE LOUIS XVI

523. — Table à ouvrage à trois tiroirs, avec filets, entrée et galerie de cuivre. Le dessus en marqueterie moderne.

ÉPOQUE LOUIS XV

524. — Table à thé, bois d'acajou et marqueterie de bois de couleur. Travail hollandais.

TONKIN

525. — Bureau avec nombreux tiroirs, bois de teck, incrustation de bambou et d'ivoire.

STYLE LOUIS XIII

526. — Table en noyer sculpté, supportée par des colonnes torses. La ceinture et le quart de rond ornés de masques et d'arabesques.

STYLE DU XVIe SIÈCLE

527. — Table chêne à colonnes unies, reliées en T.

ÉPOQUE LOUIS XVI

528. — Table-bureau acajou à angles arrondis, filets de cuivre.

529. — Table hollandaise, acajou, avec marqueterie de fleurs.

530. — Thermomètre en racine de noyer, avec cadre en bois sculpté et doré.

ÉPOQUE LOUIS XV

531. — 4 chaises hollandaises, bois de noyer, avec marqueterie bois de couleur.

ÉPOQUE LOUIS XIV

532. — Cabinet hollandais en racine de noyer, avec marqueterie de bois de couleur. La partie inférieure avec nombreux tiroirs.

ÉPOQUE LOUIS XVI

533. — Bureau acajou, filets de cuivre et incrustations de même.

ÉPOQUE DU DIRECTOIRE

534. — Chaise longue en noyer sculpté avec bas-relief, oves, attributs, têtes de béliers. Coussins et divans recouverts de soie jaune brochée.

ÉPOQUE LOUIS XVI

535. — Toilette acajou, pieds cannelés.

ÉPOQUE LOUIS XV

536. — Bureau dos d'âne, acajou avec poignées et entrées en cuivre. Travail hollandais.

ÉPOQUE LOUIS XVI

537. — 2 fauteuils à balustre, dossier renversé, peint noir.

STYLE LOUIS XIV

538. — Grand fauteuil en palissandre sculpté.

ÉPOQUE LOUIS XVI

539. — Bureau bonheur du jour, acajou ; la partie supérieure à 3 portes ornées de glaces, pieds cannelés.

540. — Grande et belle armoire cintrée, angles coupés et cannelés ; supportée par des griffes de lion, portes encadrées de rubans. Les panneaux transformés en armoire à glace, sculpture d'une belle exécution.

541. — Bureau bonheur du jour, à cylindre, acajou moucheté à cannelures. La partie supérieure ornée de glaces.

STYLE LOUIS XV

542. Commode à deux tiroirs bois d'amaranthe et bois de rose, ornée de bronze.

EPOQUE LOUIS XVI

543. — Petit meuble formant commode à trois tiroirs, le supérieur à bureau de malade, acajou moucheté avec filets de cuivre.

544. — Petit meuble d'appui en marqueterie de bois rose sur fond de bois amaranthe. La porte centrale avec figure en bois de couleur. Travail de Minoggio.

545. — Petit meuble semblable, dessus bois marqueté.

XVIe SIÈCLE

546. — Coffret recouvert en stuc plaqué d'argent avec fleurs de lys et couronnes alternées, poignées en argent.

EPOQUE LOUIS XIII

547. — Coffret ébène sculpté, fleurs et arabesques, garni de clous, poignées et entrées cuivre.

EPOQUE RESTAURATION

548. — Pendule cage régulateur, acajou moucheté, filets de cuivre. Mouvement de Janvier.

549. — Baromètre, bois de rose et d'amaranthe avec plaques, melchior gravé (signé Barny).

EPOQUE LOUIS XVI

550. — Table à jeu, bouillote forme demi-lune acajou, pieds canelés, filets de cuivre.

551. — Table à jeu, bouillotte forme rectangulaire, acajou à pieds cannelés, filets de cuivre.

ART INDIEN

552. — Grand fauteuil en bois de teck noirci, sculpté. Travail de Bombay.

EPOQUE LOUIS XVI

553 — Toilette, marqueterie bois de rose et de couleur, forme dite à poudrer.

554. — Grande armoire acajou.

555. — Petite psyché de toilette acajou et marqueterie de bois de couleur. Travail hollandais.

556. — Meuble d'encoignure, partie supérieure à étagères grillées.

EPOQUE RESTAURATION

558. — Pendule cage à mouvement carré et régulateur de Janvier.

EPOQUE LOUIS XVI

559. — Toilette à poudrer, acajou.

560. — Grand meuble appui, style Louis XIII, en chêne sculpté.

Long. 2 m. 60

TONKIN

561. — Plateau, bois de teck avec incrustations de nacre vive gravée.

JAPON

562. — Plateau en laque.

EPOQUE LOUIS XV

563. — Encoignure, bois de rose et marqueterie bois de couleur, fleurs, dessus de marbre.

564. — Autre encoignure en bois de placage rose à deux portes.

STYLE LOUIS XIV

565. — Table en noyer sculpté, pieds tors, ceinture richement ornée.

566. — Tabouret rond en bois de teck sculpté, dessus de marbre.

567. — Meuble à deux corps avec étagères latérales, noyer, style du XVIe siècle.

STYLE LOUIS XIII

568. — Trois chaises, forme dite Rubens, recouvertes en cuir doré et peint.

STYLE LOUIS XIV

569. — Trois grandes chaises à dossier élevé, richement sculptées.

570. — Chaise en noyer sculpté, dossier et fond rotiné.

XVIe SIÈCLE

571. — Coffre en chêne sculpté. Les portes et les frises sont ornées de figures.

STYLE LOUIS XIII

572. — Meuble à deux corps et à fronton en noyer sculpté.

573. — Meuble breton. Bureau.

574. — Petite armoire d'étagère en noyer sculpté. Style Louis XVI.

ÉPOQUE LOUIS XV

575. — Lavabo, chêne sculpté avec fontaine et vasque en étain gravé de même époque.

STYLE LOUIS XV

576. — Petite armoire à deux portes sculptées.

STYLE LOUIS XIII

577. — Chaise noyer sculpté, recouverte en cuir.

EPOQUE LOUIS XIV

578. — Horloge régulateur, caisse bois peint et doré.

STYLE LOUIS XV

579. — Petit bureau de forme contournée, marqueterie de bois de couleur, orné de bronze doré.

580. — Six chaises, style Louis XIII, recouvertes en cuir.

EPOQUE LOUIS XVI

581. — Baromètre de forme ronde avec nœud de rubans.

582. — Deux appliques bois sculpté et doré, fond de glace et trois lumières en bronze.

OBJETS OMIS

ART CHINOIS

583. — Grosse bonbonnière en filigrane d'argent.
Pt. 1370 gr.

584. — La Renommée, statuette argent sur socle en porphyre de Suède.

585. — 6 plateaux en plaqué (dessous de bouteilles).

586. — Email cloisonné du Japon, deux œufs montés sur bronze doré.

XVIIIᵉ SIÈCLE

587. — Lampe à tige à quatre lumières.

XVIIᵉ SIÈCLE

588. — Deux médaillons en marbre : Profils de César.

CUIVRE GRAVÉ

589. — Paire de vases, cuivre argenté, travail de Bombay.

ORDRE DES VACATIONS :

Le **23 Mai**. — BRONZES.... ...... N°s 1 à 40

TABLEAUX.......... 133 à 170

PORCELAINES....... 215 à 265

FAIENCES.......... 373 à 416

Le **24 Mai**. — BRONZES.......... 41 à 80

TABLEAUX......... 171 à 201

PORCELAINES....... 266 à 317

OBJETS DIVERS..... 417 à 432

Le **25 Mai**. — BRONZES.......... 81 à 132 BIS

TABLEAUX.......... 202 à 210

OBJETS DIVERS..... 211 à 214

PORCELAINES....... 318 à 372

Le **26 Mai**. — ARGENTERIE .... 433 à 517

MEUBLES et OBJETS

OMIS .... 518 à 599

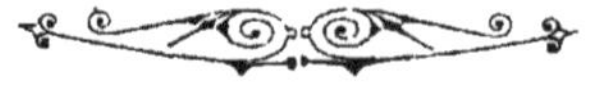

NOTA. — L'ordre numérique du Catalogue
ne sera suivi à aucune vacation.